領導的贏家

一個教育老農的心聲與建言

張宗仁 著

麗文文化事業

■ 國家圖書館出版品預行編目資料

領導的贏家：一個教育老農的心聲與建言 / 張宗
仁著. -- 初版. -- 高雄市：麗文文化,
2017.01
面；　公分
ISBN 978-957-748-916-6 (平裝)

1.領導統御　2.教育　3.文集

541.77607　　　　　　　　　　　105024578

領導的贏家：一個教育老農的心聲與建言

初版一刷・2017 年 1 月

著者	張宗仁
封面設計	黃士豪
發行人	楊曉祺
總編輯	蔡國彬
出版者	麗文文化事業股份有限公司
地址	80252高雄市苓雅區五福一路57號2樓之2
電話	07-2265267
傳真	07-2233073
網址	www.liwen.com.tw
電子信箱	liwen@liwen.com.tw
劃撥帳號	41423894
購書專線	07-2265267轉236
臺北分公司	23445新北市永和區秀朗路一段41號
電話	02-29229075
傳真	02-29220464
法律顧問	林廷隆律師
電話	02-29658212

行政院新聞局出版事業登記證局版台業字第5692號

ISBN 978-957-748-916-6（平裝）

麗文文化事業

定價：120

目 錄

第一章

楔子

在今年總統大選前，屏東教育大學王家通前校長，這位過去與我長期支持黨外運動的朋友，跟我說，他今年不想投票，他對國民黨早已不抱希望，對於民進黨的執政能力也沒有信心甚至失望。不過，我當時告訴他，民進黨之於國民黨，的確不見得好太多，但我們至少要讓政黨再輪替，讓我們有更多建立制度的機會，這對台灣相對有利。往後，若是我們心有餘，再對將來的執政團隊提出批判與建議。

選舉結果，從過去的獨裁政權、一黨獨大一路走來的國民黨，歷經洗腦式教育、愚民政策、國家安全恐嚇牌等等不正當統治手段，台灣選民已經逐漸覺醒，看穿國民黨式陽光法案的假議題以及國民黨大人物的造假、欺騙等等虛偽的身段，國民黨終於再一次在2016大選中慘敗下台，造成第三次政黨輪替。

我們應如何選擇領袖

我想，此刻就是時候，因為民進黨執政團隊已經上任超過半年，我將在本書中對執政團隊的國政執行缺失提出我的看法與建議。

　　2016年5月，我與中山大學教授陳茂雄好友論及林全內閣的組成，當時我說：「難以期待」，難掩我對於民進黨長期反國民黨之後竟以「手段執政」內心的失望。當時正逢日本京都知事舛添要一辭職，眾人一片討論其優缺點以及怎麼樣的知事是日本最為需要的。如何選擇領袖？怎麼樣的領袖特質與組成的團隊如何能夠使改變成真？這些問題引起我這位教育老農提筆寫下對當今領導執政的關鍵要素的看法，向各位請教也請大家多關心國事。更深層的意義是，「明日香的國家」是我們所盼望的，也是我們一生的懸念，不是嗎？

　　我相當尊重的中研院李遠哲前院長，當年在李前總統邀請下特別放棄美國國籍回到台灣進入中研院服務，任內將終身制的院長職務修改為一任五年、至多兩任的限期制，退休後，不但不領退休金，還義務留在中研院服務，是一位潔身自愛又令人敬重的學者。李前院長這麼做，只是為了要讓國家更好，卻因為他在高度政治化的社會中不隨波逐流，政治立場也與國民黨不同，導致部分國民黨人士在李院長擔任行政院

教育改革審議委員會召集人時橫加有名無實的臭名，損害他的清譽。所以我說，世人皆在夢中，沒有看清楚部分有心人在玩弄這個社會。

台灣過去受國民黨執政時不誠實的文化所欺騙，再加上拍馬屁文化橫行，導致執政團隊腐敗嚴重，工作價值體系隨之崩潰，這個影響是全面性的，導致台灣遲遲無法進步。

熱力學第二定律的比喻

我以熱力學第二定律，自然發生（亂度）$\Delta S > 0$，來比擬這樣的情況：

$$\Delta S_{univ.} = \Delta S_{sys.} + \Delta S_{surr.}$$

其中，$\Delta S_{sys.}$代表系統的亂度變化，$\Delta S_{surr.}$代表系統周遭的亂度變化，系統所比擬的是政府的權力，而系統周圍即為人民以及媒體力量加上法律的規範。如果政府擁有過多的權力，又仗恃統治的魔力，則$\Delta S_{sys.}$會變得太大，為了扭轉亂度，使其$\Delta S < 0$，則百

姓大眾要花更大的力量來抑制趨勢。這就意味著，政
治體系要朝向有理性、系統性的走向發展，需要更多
民眾的參與。

第二章

希望化身的領袖
—— 改變成真的關鍵要素（一）

擁有多種管理經驗的張宗仁校長，喜好閱讀歷史小說，也從歷史人物身上看到領導者在領導與管理方面的問題，他以他在領導與管理方面的經驗，對台灣各個階段的政治領導人——蔣經國、李登輝、陳水扁、馬英九以迄蔡英文總統，分別做了一些評論，期待補闕揚善，利益國家與人民。

處在三、四十年代的台灣社會，我小時候的生活環境雖然不佳，但父慈母嚴，家庭倒也蠻溫暖的。從小為家庭出力奮鬥，也深刻體會到環境變化之大，那時候，霸凌不但是司空見慣，也經常伴隨著我的成長過程。

那時我最喜愛正義俠士的故事，長大後也經常思索小時候所看的歷史故事人物。《水滸傳》中，老大型的宋江闖蕩江湖，友愛兄弟，不徇私，堅持等老大過世後才當家；在他掌權時期，賞罰分明，讓包羅一百零八條好漢的大家庭井然有序，扶助弱勢、打倒惡鄰的俠士作為，顯現出他高度的領導才華，只可惜，宋江沒有遠大的目標與堅定的信仰，最後導致整個團體的崩解。

三國時代，蜀漢、曹魏、東吳的三位領導人，個性、信仰大不相同，但都是一時之選，在此不多做論述。由於劉備的仁義起家與愛才惜才的風範，使後人特別重視他「三請孔明」的領導者壯舉，《三國演義》書中太著重於「禮賢下士」之描述，反而使大家

忽略他們重要的前瞻觀念，如〈隆中策〉。孔明舉凡天文、地理、軍事等文韜武略，才華蓋世，不但足智多謀，更是忠心耿耿。一篇〈出師表〉明志，事必躬親，鞠躬盡瘁，治國領軍均頗有績效。但是歷史的結果是嚴酷的，孔明最後出師未捷身先死，這究竟原因為何呢？

對領導者的省思

　　軍師、宰相、行政院院長、CEO等均為領導者，在此，我以傑出的領導者的繼承與制度的建立（管理依據），來論述領導者所應具備的要素。舉現今管理學中所關注的重點而言，做出對的決斷是領導者所應具備非常重要的特質，如GE奇異公司的 J. Welch，他與接班小組的成員多年接觸，對接班者的選擇與長時間栽培，每一個步驟與階段，都是企業史上的一件大事。

　　孔明雖累積了多場小勝，但最終未能成就大功業，他沒有在用策、用才的同時培養後輩，繼之提供機會讓他們磨練成大器而獨當一面，孔明所有的小勝

似乎都只是領導者本身的才華而已，最後的、最重要的成功能夠被世人所期待嗎？

　　我已活過70個年頭，台灣真是在驚滔駭浪中一一度過的，蔣中正先生的獨裁領導眾所皆知，在此我就不詳加論述。以下僅就個人印象，略敘不同時代中，從蔣經國先生、李登輝先生、陳水扁先生、馬英九先生到蔡英文女士，這幾位總統所領導的團隊的特徵及執政氣勢，提出我的看法。

壹、我對過去幾任領袖的作為與看法

　　印象中，在解嚴前，幾任領袖所組成的政府，大部分來自政界、行政體系、文化圈的近臣，其間輔以一部分民選菁英，以便減弱獨裁政權的成分。

蔣經國的堅定意志

　　首先是蔣經國總統的內閣。蔣經國總統的內閣中，李登輝博學多聞，足智多謀，思想新穎，作風民主；林洋港擁有行政上的才華，酒量通天，鋒芒畢

露，是一位具備群眾魅力的政治人物。孫運璿、李國鼎為理工人才，因台灣建設需求的工作機緣，得以長期參與國家經濟發展的規劃；趙耀東來自經建體系，中鋼的建立應有其功勞；陳履安的仕途發展來自父親的遺蔭，他本人廉潔自持，但才能並不突出。在這之後還有幾位人才，像是俞國華與李煥，皆為跟隨蔣家多年的近臣，而郝柏村與王昇兩位軍方大將則相互制衡。

大家擔心，蔣中正時代軍人式獨斷的決策模式，領導者本身因不同黨派而褒貶不一，他底下的幹部也良莠不齊，但其子蔣經國似已不同，<u>用人有膽識，也有識人才之能</u>。也許是因為戒嚴時期的關係，執政者運用權力有其方便性，反對聲音也不至於過大，但蔣經國的行政能力的確不錯，透過他有意的安排，底下的幹部彼此競爭、力求表現，的確有利於國家發展。身為蔣家第二代，這一層特殊關係並沒有讓蔣經國受到官宦的腐敗所影響，也許是他早年在蘇聯吃盡苦頭的關係，鍛鍊出他堅定的意志，想做出一番大事，而且他頻頻下鄉，訪問民間友人，貼近民生的困苦之

聲，所以能夠成就台灣當時的中興氣象。正因他有膽識用人且用對人，有能之士在他生前均循規蹈矩，政治野心只能在他死後才爆發，蔣家第三代最終也一一告別政壇。

李登輝用對李遠哲

其次談李登輝總統的內閣。李登輝先生登上大位後，政局十分詭譎，情勢內外交迫，內有非主流驚濤駭浪式的對抗，外有民進黨的衝擊，對國民黨統治下內政制度進行抗爭，李總統為了在政爭中求生存、安定政局，奮鬥不已，但外界似乎只對他在民主、自由方面的功業成就加以歌頌，其實他在執政方面的績效也不錯，例如，台灣能安全度過金融風暴，即與他的強勢作為與謀略有關。在他執政的中晚期，由於中共以及經濟上的種種因素，他開始採用學者的意見，成立有特別功能的委員會，學者也逐漸加入行政院團隊。當時所組成的經濟內閣，在用人方面，蕭萬長、江丙坤等人，在內部的工作經驗較多，行事上事必躬親，但前者的祕書長在台糖協會的資產轉移方面有很

大的問題，後者的後代則被質疑有買辦經商的嫌疑，若非台灣經濟早年有陶聲洋、孫運璿、李國鼎等人的鋪路，已經為日後的經濟繁榮打下了堅實的基礎，加上當時處於沒有對手相爭的絕佳時機，否則，論其表現不過平平而已，不值得特別給予稱讚。

在這裡，我要特別提及李前總統宏大的眼光與傲人的視野，以及他在用人方面的缺失：

（1）他毅然聘任諾貝爾獎得主──李遠哲大教授為中研院院長，為中研院建立制度，並廣泛聘請國際著名學者回國服務，不但提升了中研院的研究能量，更造就了中研院世界級的學術地位，證明李登輝在識人方面的確有過人之處。

（2）李總統重視教育，任內在行政院組成教育改革審議委員會，特別請李遠哲院長擔任召集人，委員會經過多次審慎討論，撰寫了《行政院教育改革審議委員會總諮議報告書》，提報李總統，李總統當面交予副總統兼行政院長連戰執行，連先生的形象雖然雍容大度，卻不專心於工作，不為目標付出應有的代

價、辛勞，最後導致失敗，並不讓人意外。

（3）李總統所特別提攜，當時的中山大學副教授胡志強，陸續出任新聞局長、外交部長，胡志強聰慧幽默，又擅於與人為伍，口才流利但天馬行空，加上討好的功夫深受長官與一般人所喜愛，一時政治行情大漲，但胡志強雖然善言、「演出」賣力，長期下來，暴露了許多缺點，致使後來台中市長無法如預期連任，乃是預料中的事。

（4）最後，令人意外的是，過去曾受李總統重用的大咖，在他任滿後尋求連任時，卻多持反對他的主張，於此現出李總統識人方面還是有問題，雖然他本身學問能力佳，但說好聽點，也只是站在高處看不見下位者罷了！是否影響後來的領導者的用人，紛紛以「忠君」的意識為核心，就不得而知了。

陳水扁用人不疑

陳水扁當選總統是有些運氣的成分，因為民進黨當時的實力不足與國民黨競爭，但因競選時國民黨分

裂的緣故，腐化現象又已普遍遭受國人詬病，導致民心思變。李遠哲院長等各界菁英籌組國政顧問，向國人集體推薦陳水扁擔任下屆總統，報紙上的行家推斷，這一個社會菁英背書的效應，拉抬了陳水扁3%-5%的支持度。

李遠哲為阿扁出頭的結果，當然為國民黨所不能容忍，因此長期計劃，刻意摧毀他的形象與影響力。最近，中研院翁啟惠前院長被懷疑涉及生技的技轉案後，有的人至此才真正覺醒，發現李前院長的潔身自愛，否則，他早就被碎屍萬段了。

陳總統的團隊起用大批學者，形象清新，其疑人不用、用人不疑的大優點，給予大眾相當不差的印象，當時所重用的林全、賀陳旦、葉俊榮等，在目前的蔡英文政府中繼續受到重用。這證明了陳總統用人選才的能力不錯，但他第二任期後，因被質疑腐化而引起紅衫軍抗爭，再加上後期的作為與思想接近深綠，致使台灣朝野的意識形態之爭加劇。

馬英九用人同質性高

再來談論馬英九的執政。馬英九擁哈佛大學博士學位，加上外表英俊、口才便給，塑造了「溫良恭儉讓」的形象，經由國民黨的龐大財力挹注，以及扁政府的腐化形象和紅衫軍的大力造勢，造成馬英九2008年空前的勝利。馬政府懂得帝王術的包裝與行銷，分享權力與讓利，官員之間的勾串連結加速了政風的敗壞，其中，美和案的「團隊合作」是最令人髮指的政治利益精算。至於領導團隊方面，表面上馬政府喜愛舉用高學位的學者專家，但事實上皆是與其思想相近的核心幕僚，私底下根本就與受其直接指揮的部屬無異。例如十二年國教、證所稅等案件，可能是其政治參謀沒有規劃能力以及不願得罪利益團體，或者是文官和教授在沒有實際經驗下依據學理所做的判斷，當然無法貼近人民心聲，致使其所推動的政策難以收效，政策執行上也就十分無力。

有一事可以提之。馬先生所任命的一位行政院長及重要智囊劉兆玄先生，具備了清華大學校長、國科

會主委、交通部長、東吳大學校長、行政院長等職，我與他因為無機化學的同行背景關係，有緣認識，且常有機會聽其高見。以下歸納兩點他曾說過的話：

（1）清大一切良好，各主管皆有能力，所以他工作相對輕鬆。意指，他用對人才並能夠充分授權。

（2）國民黨有規劃能力以應付時局，許多方案皆留在行政院的檔案中。意指，民進黨政府沒有執行。

對此，我有不同的看法：

（1）在劉兆玄組閣的日子裡，除了金溥聰外，他可說是馬英九的大號的工程派軍師，看到教育部長、國科會主委皆為其兄前中央大學劉兆漢校長的愛將，我開玩笑說，「大概清大劉校長沒有培養自己的部下吧！」才導致清大沒能在教育界中氣勢繼續提升，如果當時能早些用心布局，與交大合作組成一個更有競爭性的大學，就不必藉台灣聯大與台大爭經費。這不僅是沒有培養重要人才，而且又失去戰略機

會，讓台大與清、交兩校出現彼此競爭且有利於台灣的局面消失了，這是多麼可惜的大事啊！

（２）我相信國民黨專長的紙上作業規劃案應該不少，以東吳大學劉兆玄校長為例，當時他以教學型大學為發展方向是值得讚許的，這有助於爭取教育部「卓越教學」的經費。我2007年曾耳聞，在他任內，規劃多年的教師評鑑工作以「為求圓滿」而未執行，他明明知道這項工作有執行的重要性，卻怕會引起反彈而拖延下去，沒有膽量放手一搏，或是認為自己將來會有異動，因此不需得罪人。

大致來說，他是有內涵、想法、沉著，不是朝三暮四的學者，但很注重自己政治上的立場。

馬英九、劉兆玄兩位領袖早年均是資優生，但是他們自以為是的看法與民眾脫離太遠，也就是大家常說的「沒有同理心」，內閣閣員均是名校博士，他們總是習慣找「鏡中人」，缺乏有經驗的出色人才，或是有卻受元首的指揮與掣肘，因此缺乏宏觀的規劃能力與執行力，在政績上當然沒有顯著表現。

此處特別再提兩件原本心目中「陳義過高」，所謂「眼高手低」的案例，以供了解：

（１）馬英九兩個任期內的教育部長，經歷都是研究型大學校長，再加上曾聽劉兆玄前院長提及，教育部長應由學術卓越的研究型大學校長出任才好，然而，許多研究型大學的校長專注於研究，卻沒有顧到學生的需求，這是否代表完全失敗的理念？研究型大學出身的校長在學術方面均有一定地位，而台灣教育界以學術掛帥，對於教育本身沒有足夠的關心，這是扭曲的發展方向。如何教育中學生並提升他們的素質極為重要，但卻受到忽略，研究型大學太過於重視研究的畸形教育更導致老師不去努力提升學生的學習興趣，嚴重疏離了學生與老師的關係，甚至使他們服務社會時也不可能學會關心他人。

（２）馬總統任內的科技部長朱敬一院士於此次林全內閣的人事任命案中扮演重要的推薦角色，事實上，了解朱敬一院士的人對其評價多半不高，朱院士主持研究型通識課程審查會時，會於到校進行評鑑前

大約十天內或最長兩週通知各校，眾人知悉會議係其主持，如果不巧校長先前已有預定行程要事待辦而未能留在學校的話，該校成績會大受影響，喜好奉承的文化可見一斑。「鏡中人」的學術優異、年輕有為固然是其優點，但其參與社會活動的機會小、對事件通常沒有感覺，即使不受掣肘，擔任政務官後，施政上也難有亮眼的績效！

馬先生的另一個志業是要完成與中國的統一，速度快得令人感到驚訝，例如經濟方面的ECFA，如果對於台灣有利的話，為什麼不依照程序審查？假如真的有「中國讓利」的情形存在，也僅是財團式或利益團體的勾結罷了！說穿了，就是「總統要功、財團要利」，幸虧現在民智已開，名嘴公開評論有功，有助於台灣人民了解事實真相，迅速摧毀了兩岸利益勾結的團體，台灣才不致於淪於萬劫不復。

蔡英文與林全內閣

最後談論新執政團隊——蔡英文政府。眾所期待的新政府已由行政院林全院長組成，民進黨較重視民

意，但比起國民黨，卻是較不重視完整的規劃能力，而較著重於能安撫民心、滅火之務實政策。

　　新政府的表現有待往後來檢視，不過，我先提出我的擔憂，這幾項擔憂讓我難以期待現在的政府。

　　（1）蔡總統能給予行政院充分組閣的機會，度量與胸懷值得肯定，但如果用人不當，她必須負起責任。

　　（2）林院長公布提名閣員的介紹會中，沒有嚴肅的表情，不時加上林式幽默，甚少介紹過去推動的政策與制度，相關工作執行績效的說明也很有限，僅約略述及閣員的工作態度以及專業背景，未充分證實是否具備完善的規劃與執行能力等實戰經歷，側重專業考量，卻沒表現出領導者讓人信服的大方向，可見其視野之一斑。如果這就是蔡英文當選四個月後的布局，這樣的團隊是難以令人安心、折服的，會招來強烈反對也就不意外了，如歸咎於獨派因素使然，那就真是狹隘了。

（3）林院長為執行長照而提出「增加營業稅5%」，隔天馬上熄火，說明林院長未能深思熟慮，行政院長的發言不是用來試水溫的，閣揆發表談話應謹慎，雖然民進黨在立法院擁有多數席次，能夠支持行政院的政策，提案前如能先充分說明溝通，再向立院提出決議，才是正途，否則若最後必須仗勢多數決的粗暴立法，那與前朝馬政府有何不同？

（4）行政院長的職掌具「半天邊」的影響力，其他院會僅是監督與協助其建立制度，故應有「識人之廣」與「用人之明」的雙重格局，才能與總統合作，作長遠布局，並融合社會力，為國家、社會服務，故內閣整體的執行力、專業性與閣員相關的工作經歷都應有全盤的考量，才能夠發揮「五院之首」應有的效能。

（5）林院長畢業於美國伊利諾大學，名校名門，財政專業方面的學識淵博，早期能得民進黨的賞識，因而學政兩棲。此次放棄千萬元的獨立董事高薪，與國發會陳添枝同樣待遇優渥，不料進入公部門

前卻又對於放棄高薪一事念念不忘，網民批評是「蛋生雞、擺姿態」，為公服務的熱忱不足。

（6）約14年前，民進黨執政時期，林院長當時是財政部長，曾參與國發班第四期講習，當時為學員上課時，曾提及教授年薪有300萬元以上。事實上，教授哪來這麼高的年薪所得？台灣教授薪資忝為亞洲低段班，兩岸研究型大學校長會議於廣西桂林舉行期間，我與劉校長並肩聊天時，就曾聽他為教授薪資抱屈過。具有教授身分的財政部長，卻不知所言目的為何？當時，筆者曾發言批評，林部長最後承認錯誤。從這事件中可以看出，一位官員連基本的資訊都不足，要如何成大事！

（7）曾有報導指出，教育部黃榮村前部長曾在行政院表示，「教科書大綱修正」，「本應為教育部的職責」。如今，原屬教育部的職責卻由行政院擔綱，或許是行政院不相信教育部長的能力吧！如果行政院長有這樣的心態，問題就很嚴重。

（8）教育部的目標十分理想化，執行時卻因擔

心缺少公平性會遭來批評而讓原先的設計和後來的執行偏離教育目標,如此一來,受害的是學生。蔡總統競選時曾在嘉南藥理大學演講,在回答學生問題時曾提及擔心政策偏離教育本質,筆者在聽完蔡總統演講後,曾於個人臉書上發表對於國民教育的想法供參。

(9)還有一個一直都存在的現象,即「宦官影響大」,特別是在中華文化中更明顯。像是《二月河》的作者,在他不至於太偏重歷史的著作中有過精采的描述,康熙、雍正、乾隆等領袖是希望的化身,因其擁有巨大的權力,所以周圍皆是討好的聲音。在這次競選時,名政論家胡忠信等曾對蔡主席的模糊主張頗有建言。主帥的模糊、沒主見,讓人有機可趁,經常被對手拿來借題發揮。提出明確的重要主張本是領導者應具有的特質,不是嗎?至於兩岸議題,保持立場的模糊,是我們可以理解、佩服的。

(10)蔡總統在前後兩次的競選主要政策方針,第一次較著重於治國,第二次競選時,提出的國民教育方針卻是老掉牙的主張,反觀國民黨提到10%、親

民黨提到5%的國教菁英理念。教育的本質應達到適性揚才，從國教12年畢業後才開始有了菁英的培育，若要與世界各國的教育比較，為時已晚了，不是嗎？國際競爭力的提升不應該只是口號治國而已，教育部內部組織與整體教育體系不能活化，已成為目前的隱憂。經濟發展的方針很重要，也應具體化。團隊提出的政策要著重可行性、市場、人才、時間、目標等方向，如此一來，改革才能看見成效。作者曾於中山科研院服務過12年，多少了解花了巨資於中山科研院的浪費與無奈，我的意思是，投資巨額經費，例如提昇航空業，若沒有好的專業領袖，帶領「綿羊隊伍」打仗，這些綿羊多是聽命行事的軍方相關人員，最後會造成排斥效應，導致優秀人員離開，這樣有效嗎？

貳、社會、國家與領袖

英國前首相邱吉爾曾說：「要進步就要求變，要完善更應不斷求變。」那麼，改變要成真，我們要了解，首先我們必定會面對到台灣政風、社會文化風氣的挑戰：

一、我們站在哪裡？社會正確價值觀遺失，欺騙、不誠實的風氣盛行，功利主義，爭功諉過。

二、社會風氣敗壞，做事態度和稀泥。

三、許多知識分子好高騖遠、華而不實，總是淪為口號治國。

四、正義不彰，即便有政策、制度，卻因怕得罪人而不能有好的執行力或歪曲執行，例如陽光法案等。

五、多數人利用特權、靠關係等風氣盛行，讓升遷不需要靠實力與績效，致使我們的政務官在缺乏磨練的情況下，提出的政策與執行能力低落。

六、首長、地方首長常陷入部屬的主見與人情網絡，讓打天下的團隊成為治國團隊。

七、領導者企圖心不足，僅具備團隊運作順暢的功能，只是做做表面工作而已。

八、當代管理學領域組織學習大師 Chris Argyris 發現，當一個組織的價值系統與權力結構出現問題時，成員會進行「組織慣性防衛機

制」，使得成員相互猜忌，組織失去互信，改革就無法進行，在此同時會造成「聰明人無法學習的現象」。教育水準高、碩博士人數很多的台灣，這種現象普遍存在。

參、日本明治維新

日本明治維新期間，日本政府挑選軍官前往海外研習成功的西方實務和機制，包括英國的郵政制度、法國的司法制度、美國的基礎教育制度、德國的軍事組織，再加上日本獨創的特色，讓日本僅僅經歷三位首相的治理，即成為世界強國。

肆、韓國三星集團崛起

韓國三星集團的崛起也是到日本取經而來，三星將傑出人才派赴日本讀工科學位，派往美國接受行銷和管理的進修教育，再派往新加坡、香港和紐約接受高等金融訓練。三星實施的區域專才計畫，可說是公司最重要的全球化方案。20餘年來，每年都派遣約200名傑出員工接受為期12週的密集語言訓練課程，

之後續留海外1年，前半年工作，是為了熟習當地語言與文化以及結交朋友，於所在國家建立人脈，後半年則可自行選擇執行獨立計畫。起初將人力派往已開發國家，過去10年則前往新興國家，尤其是中國，目前重心轉往亞洲。

　　1983年，三星踏進記憶體晶片領域，從Intel、IBM、DELL等公司挖角韓裔工程師和高階主管。10年不到的時間，三星成為全球晶片產業領導廠商。但三星領導人李健熙設法將這些方法運用於高階主管層次，卻遭到巨大的阻力，最後他再改進方法並發揮超人的毅力下，終於成功完成改革並實施新制度。

　　以下就討論值得台灣各界學習的混血式管理系統：

傳統的日式系統	三星的混合式系統	西式系統
多角化經營策略	多角化經營策略，但各業務單位較專注自身業務	聚焦策略

傳統的日式系統	三星的混合式系統	西式系統
依賴內部資本市場	能利用內部和外部的資本市場	依賴外部資本市場
專注於持續不斷改善營運流程，為價格競爭做準備	專注於持續改善和應用研發，也重視創新、行銷和設計，以建立品牌，提高價格	專注於創新、行銷與設計，以建立強大的品牌和提高價格
以深入無條件合作的方式，與供應商建立長期的關係	建立長期合作的供應商關係，但允許某程度的競爭	根據市場價格，與供應商形成暫時性關係
依賴內部勞動市場，結果形成長期的雇傭關係	人力資源係將公司的國際人才和經由市場薪酬吸引的外部人才交織成一片	依賴被市場薪酬吸引的外部勞工市場
招募人員有限，大多1年一次，而且招聘基層員工	每年招募基層員工，開放招聘經驗豐富的專才	所有職位視需要，開放招募最優秀人才

傳統的日式系統	三星的混合式系統	西式系統
依年資升遷和敘薪，獎勵標準化	年資制和功績制，升遷與敘薪並存，大多採標準化作業，但有一些個別化的獎勵措施	論功升遷和敘薪，實施個別化的獎勵措施

伍、領導能力的形成

一、領導者應具備哪些內涵與特質才能夠有效領導團隊？

（1）前監委、前立委黃煌雄於前一次民進黨總統內部初選時所說的領袖特質：

- 高瞻遠矚
- 度量膽識與胸懷
- 用人唯賢（親賢臣遠小人）
- 匡正風氣
- 堅定意志

（2）除了以上所舉出的特質，領導者還必須具備

下列特點：

- 清廉且具備抗拒權力誘惑的意志與實踐
- 公正無私的善用全力推動政務
- 具備歷史觀與世界觀，卓越機智，善於抓住「戰略機運」

我認為，成功的領袖還應具備下列能力：

- 識人才、用人才
- 凝聚力（領袖的魅力與擬定正確的施政方向）
- 做對決斷

二、領導者的品質與歷練

《哈佛大學商業評論──HBR（2006年）調查報告》指出，領導者應具備的條件，其中很重要的一點就是「勇氣」，這短暫的不尋常作為，發生在極為罕見的關鍵時刻，此時，良知、恐懼和行動合而為一，引爆內心深處那股力量，進而觸發了愛、榮耀與職責的火花，激勵我們下定決心、義無反顧。

三、領導者於改革時期必經的過程

- 立足
- 沉潛
- 改造
- 鞏固
- 改進

四、改革階段應考慮的要素

- 設定目標（主要目標與次要目標）
- 決定達成目標的重要性
- 改變權力均勢
- 權衡風險和利益
- 選擇適當時機
- 研擬應變計畫

　　膽識必須基於那些符合個人組織或社會的優先事務上，大膽採取行動，讓他們的組織與個人的事業同蒙其利，感受自己存在的價值。

五、團隊的互相依賴關係——向上管理（HBR資料）

（一）管理上司事項清單

    1. 確保自己了解上司及上司的處境，包括：

       （1）目標

       （2）壓力

       （3）長處、弱點、盲點

       （4）喜歡的工作方式

    2. 評估自己及自己的需要，包括：

       （1）長處與弱點

       （2）個人風格

       （3）對掌權者的依賴傾向

（二）發展及維繫符合以下條件的關係

    1. 跟上司、部屬的需求與風格都契合

    2. 彼此互有期望

    3. 讓上司持續了解情況

    4. 以誠實與可靠為基礎

    5. 審慎運用上司的時間及資源

第三章

領導的執行力
—— 改變成真的關鍵要素（二）

從針砭政治領導人為出發點，張宗仁校長期待將他在教育界服務的經驗回饋給整個教育系統，畢竟，教育是他的最愛，也是他念茲在茲的下一代未來希望之所繫，他近乎傾囊相授地將他在中山大學的經驗和實務心得提出來與教育界人士分享，句句真言，語重心長。

壹、執行力影響結果

蔡總統的民調滿意度大幅下降，這是我預料中的趨勢，只是沒想到幅度會這麼大。

在媒體新聞報導中，看她走路快速，非常忙碌，急於行事。反觀行政院長與其幕僚部會（如勞工部、七休一例），政策要不是推不出來，就是推出後隨即撤銷或急轉彎。但是，國民年金草案由總統、政委提出，這似乎不太正常。首先，我要就這些事件提些我的看法。

（1）各社會團體或公會都有其立場或是追尋的目標，尤其選前受到利益的牽制。

（2）行政院以下的各單位或基金會，在更換CEO前後，多會遭遇前朝人馬的反彈或是破壞，國民黨執政歷史相當長久，其反彈力道自然更加強大。

（3）文官升官不需要靠實力，而是靠勢力、背景，再加上以教授們的背書當作盾牌，完全不得罪

人，台灣文官體系的參謀作業能力幾乎崩盤。

（４）沒有行政經驗的教授甚多，僅靠理論著墨的政策根本不切實際，如果這些教授能有豐沛的工作經歷，對於政策及執政過程碰上的各種事件才會有感覺與共鳴，提出來的對策也才會被多數人接受。現今許多官員解決問題時無法切中要點，偏離了核心重點，甚至以討好上級了結。看到過去師範體系的教授們所提出的正常教學（不分班），教育學主修配合20學分（如：數學、英文等），專業學分可當專業教師。梯分制教師分發（停止）、綜合高中以及國民教育12年都是以失敗做收（才開始就知道不會成功）。從以上事件可以看出，政策往往都是因為考慮太多，無法切中要點行事，因而最後導致失敗的結果，不能成案的則可能拖了多年之後方能廢止。

（５）蔡總統的基金會團隊提出的有關國教12年計畫中的政策，沒有融入真正的教育精神，忽視了「培養有內質與內涵的學生」以及「能與世界競爭、內在素質佳的資優學生」的重要性。我相信，這次選舉

的教育主張是經過團隊討論的，而且我認為，這是以師範體系為主的專業人士團隊才會出現如此的結果，但若在政策提出前，能夠強化反面意見的討論，是否能讓這個政策更加有意義？

（6）此次的內閣，許多閣員沒有擔任過首長或是有足夠行政經驗，再加上領導者不希望閣員多言，與過去蔣經國時代內閣團隊的氣勢強盛恰恰相反，弱化的內閣部會會導致政策宣傳以及辯駁機會的喪失。內閣選用的閣員要有內涵、符合團隊理念，當政策提出時，要相信閣員，並且以最快的方式開記者會說明後再宣導，這是讓「不信任的八秒案件」不要再次發生的關鍵。

（7）最近有政論節目的名嘴於媒體上說，具科技背景的專業人士做事較為扎實，在解決問題時比較有層次感及邏輯性。有妥善擬定好的政策方案，有優異的執行者，且執行者具備理工方面的扎實訓練，必然有助於執行力的提高。大學的通識教育相當重要，應該重視培養有科學素養的大學畢業生並加強工作後

的磨練。

貳、有執行力的實例與建議案

下面，我舉出三個在中山大學執行過的例子，以及三個與教育相關政策的意見供各界思考。

一、國立中山大學教師評鑑辦法與制度（2005年12月23日校務會議通過）

（一）背景

  （1）從中山大學建校以來，聘任的教師從未發生真正經過評鑑後不再續任的例子。

  （2）近30多年來，部分教師有「多授課而超鐘點」以增加收入的觀念。隨著師範體系40學分碩士班及碩專班課程的增加，許多教授變成師匠，接著，管理學院因應各界專長需求的日漸增多，綜合大學紛紛增設碩專班、學費收入也倍增，其他學院亦跟隨這個趨勢走，造成碩士畢業生大量膨脹，後來又有EMBA碩專班

的設立，這些碩專班對於學校及老師來說，都是高利益。

（3）大量投入推廣教育無法提升競爭力，如中山大學的正規碩士班與碩專班學生幾占全校學生比55%，同時，教育部推動5年500億「研究型大學進入世界名校」經費支援，各校競爭加劇，當時台灣頗有短暫的新興氣象！是故，要促成大學提升競爭力，需要政府有鼓勵與鞭策的政策來達成目的。大部分的研究型大學，無論學校與教授兩方面，均著重於研究著作數目或研究品質的提高，重心沒有放在學生身上，是故無法提升學生的學習興趣。

（4）要提昇競爭力，就需要有完善的評鑑辦法，進行評鑑時還要有以下的特別考慮，避免反彈力量過大：

A. 將教授區分為「需要」與「不需要」接受評鑑兩種，因此產生三種結果：「通過」、「條件式通過」及「不通

過」，做為校方是否續聘的準則。

B. 校長在校務會議中明言，「不通過」的教授比例，不高於全體教學人員人數的1%。

C. 為落實憲法保障學術的真諦，俾符合司法院大法官解釋第462號，學校建立專家評量原則並據以決定結果。

（二）教師評鑑會之設置

評鑑以院為單位，設置教師評鑑委員會，由各院院長擔任召集人，置委員5–7人，另由各院教師會推薦校外專家學者至少8人，經學術副校長選聘4名「滯留人」共同組成。組成的過程，同時考量教評會的做法。

（三）視需求邀請相關人士列席

教師評鑑委員會得視需要，邀請學術副校長、教務長、學研長等相關系所主管及專業的教師評鑑委員會委員列席。

（四）尊重專家審查評量之評鑑結果

在校務會議中討論，確認「經專家審查評量所作之評鑑結果，教師評審委員應予以尊重」的共識。

（五）第一次教師評鑑完成

民國96年6月，完成本校第一次教師評鑑，141人接受評鑑。全校教師439人，其中140人符合免評資格。評鑑結果，5人不予續聘，其中2-3人於事前、事後請退，則不在計算之內。

（六）真正執行要訣

（1）校外委員的聘請：學術副校長（當時係由校長兼代）得商請各院長（身兼教評會主席）推薦治學嚴謹、學術成就高的校外專家擔任委員，再選擇本校較嚴謹的教授擔任委員，搭配組成之。

（2）在各院第一次審查會開會前，由校長代表校方，強調學校實施評鑑的決心，並請求委員嚴謹判定。

二、國立中山大學停招及調整碩士在職專班以提升學術競爭力與教育品質（2006年校務會議）

（一）背景

　　（1）授課時數

　　　　有些教師的授課科目及課數多得不像話，教學品質相當有問題，且常有學生來信投訴。

　　（2）生師比例

　　　　以當時中山某一個獨立所為例，其生師比竟然超過60，教育部希望，國立大學以校為單位，適當的生師比為20或25。2003年，全校生師比為29.49，在此案通過後的2007年，生師比已降為23.09。

　　（3）利益牽扯

　　　　部分教授所涉及的利益很大，影響層面甚廣。為鞏固研究型大學的基礎，必須執行停招與採取教育部的教師授課嚴謹規則，才能一勞永逸。至於EMBA班邀請

的教授授課則不計。

（４）堅強意志

做事遵守原則又依法行事，原本就容易被罵獨裁，在本案執行及確認時，屢被謠言攻擊，若沒有堅強的意志，結果不難意料。

（５）取捨標準

同為研究型大學的中央大學教務長，曾在某場合遇見時，請教應以何標準做為取捨。我略述實施停招及調整碩專班的標準如下：

A. 實施前一年的學生與教師比大於30者。

B. 近三年國科會專案計畫平均數與教師人數之比值小於1/2者。

C. 系所開設碩專班每年不超過1班者。

D. 系所開設學分班以1班為限。

（６）結果

A. 96學年度，停招10班。

B. 教學品質大幅提升，另有系所整併案

則不列提。

三、國立中山大學南星計畫入學招生（97學年度試辦大學入學招生案）

（一）計畫背景

　　教育部為照顧弱勢，第一年由清華大學試辦，結果招生對象「二頂一高」的入學標準不能符合理想，一位關心弱勢的政大女教授來參加張昭鼎教授基金會，在會議中向基金會名譽理事長李遠哲前院長表達憂心。基金會一向關心弱勢、清寒子弟，李前院長請我對此事表達看法，我說，當時中山大學在規劃這個方案的同時也表示過相同的看法，但高教司有反對的意見，他們希望各校能一致行動。最後是甚有愛心且關心弱勢的李前院長向教育部長要求，取得他的支持，中山才得以順利招生。

（二）南星計畫

　　（1）計畫特色

　　　　首獲教育部同意，97學年度單獨辦理「

落實照顧弱勢」、「提高就近入學率」
之招生。

（2）招生方式

採申請入學方式，先檢定，後分發。招
生名額計28名。

（3）檢定標準

A. 當學年度之學科能力，測驗總級分均
標（含）以上。

B. 高一、高二各學期學業成績總平均，
全校排名須在前5%以內。

（4）分發順序

A. 低收入戶。

B. 父母之原始國籍為開發中國家。

C. 原住民。

D. 就讀之高中（職）學校所在地為下列
縣市者：嘉義縣、嘉義市、台南縣、
台南市、高雄縣、高雄市、台東縣、
澎湖縣。

E. 高一、高二各學期學業成績總平均全
校排名百分比。

F. 各學系訂定條件（學測級分或高中成績百分比）。

（三）招生結果

（１）通常各系所都希望招收符合高標準的學生，而中山大學卻能夠平和的討論，並且讓這有意義的規則通過，相當不容易。

（２）根據南星計畫入學的學生，表現沒有讓人失望，第一屆有一位女同學以物理系第一名畢業，也有一位同學在企管系第四學期成績為全系第二名。根據統計，南星計畫招生的學生平均成績，第一年就已高於正常入學學生成績的平均分數。

（３）前述結果證實了一點，偏遠地區或弱勢的學生，只要提供適當的環境與資源，成績表現依然亮眼，不輸給一般條件的學生。

四、推動12年國教計畫理念與執行之我見

（一）政策背景

（1）減輕無謂的升學壓力。

（2）提升並強化學生內質的水準。

（3）趨近國家所需人才並強化教育功能。

（4）有助於社會風氣改善。

（二）有意願者即可入學

（1）鼓勵就讀技職體系的高職生，為國家培育基層技術人才。

（2）高級中學可收錄下列各班學生

　　A. 正常班：為區域學生的免試升學管道，就讀優先順序依國中時期各校校長辦學成績及個人的成績表現而定，此等正常班係為確定教育目標的內涵。

　　B. 菁英班：為保持國家競爭力，須維持菁英競爭環境，故依然需要真正的菁英班存在。菁英班可採取考試制，其

招收總人數為上屆招收新生總數之特定比例，各校可招收名額須與教育局處共決，分為：體育、音樂、藝術等菁英班（術科另試，比例小於5％）及全面菁英班（國、英占總成績40％；數、理占總成績60％；比例10－15％）。

C. 正常班招生原則

  a. 個人表現應考慮部分

    I. 畢業學生的在學成績，國、英、數、理每學期成績均不得低於70分，如果成績低於70分，則喪失其優先志願機會。

    II. 公私立國民中學學生的內質與在學成績，應列入各校畢業生的優先等級次序。各校的音樂、藝術或工藝在學平均成績在70分以上，參加課外活動社團、國術、校代表

球隊，表現優異。

III. 尿液毒性檢查呈陽性反應者不得進入第一志願。

IV. 參與菁英班入學考試未經錄取者，在正常班申請時不得進入第一志願學校，目的是鼓勵進入正常班為優先考量。

b. 各國中學校校長辦學成績決定該校畢業生志願次序人數的比例多寡。

I. 參與全國、各縣市校際各類競賽成績。

II. 各學校編排有教育功能的微電影，關於品德、價值觀、同儕相處、人際關係、交通秩序與禮貌等道德宣導，於適當課程、機會討論。

III. 比較各校實施營養午餐的績效。

        IV. 評定各校校園安全及同學負面表現。

    D. 成立特輔班，由特殊專才老師引導學生改正。特輔班招收學生為有具體不良行為紀錄者，如參與販毒、吸食毒品、尿液檢查呈陽性反應兩次以上、詐欺、參與幫派有打架滋事紀錄。

以上僅供參考，尚盼區域內各教育局之間，協調出更明確的細則，進一步的希望是，能夠建立安心且自由的學習環境，督促校長認真執行辦學目標，推動符合教育本質的國民教育計畫。

五、技職體系的改進以促進經建之建議

科技產業的大老闆們大多希望，教育界培育出的學生能夠於畢業後為產業所用，對於民進黨競選時提出的政策，則有不同的解讀。

（1）高職畢業生素質低落，有大力提升戰力的必要。

（2）產學合作，提高研發產品的產能，並且推動

產業建立高等研發中心。例如，科技園區（scientific Park，如，美國伊大香檳校區所建立的小型生產線），以及台灣部分大學有小規模的育成中心。重要的起始者，為產業界（企業界）、教授研發的know-how或專利，鼓勵從事有實務且實用的研究，最後達成技轉合作。當然，具意義的成果能作為升等代表作。

（3）產學合作，推動確實的教育實習制度（非萊茵式），日本許多學校有實習制度，藉著實習合作，學生於大三第二學期後就能確定畢業後的工作是甚麼，所以日本畢業生對於出社會不會感到心慌。

（4）在少子化時代，如何培養有用的就業市場人才，這個趨勢日益明顯、需求日益迫切，極需提出能夠吸引好學生進入職業教育體系的政策，並與企業界共推學徒式的專業技術教育，此即德國的雙軌制，這是先行刺激與鼓勵的辦法，可為台灣建立完整的萊茵式教育制度。

六、大膽改進技職體系的必要性，其教育示意圖如下

（1）充分利用時間加強訓練，縮短教育過程年限，及早進入就業市場，等於人生的工作時間向前延伸，有助於增加國家競爭力。

（2）重視實習，加強實務歷練，緊扣職場所需技能，鼓勵企業、工會成立或合辦德國式教育計畫。

（3）規劃新的體制，由國中至科技大學或綜合大學的階段，中間不一定要經過高中，經過高職、專科也可視為一個獨立過程。高職生畢業後可先去工作，以後有需要，只需經過申請，不用考試，即可繼續深造。規劃中體制，應該考慮如何才能有助於與企業界的需要相配合，並且符合時代需求，以增加相關領域，滿足社會多元需求。

（4）為具體因應這個趨勢，就讀高職的學費全數或半數由政府支出，才能提前供應經建技職教育所需的基礎人才。

（5）各公司如有計畫合作的花費需求，以及計畫

培育經費的實際支出，經濟部應同意其享受教育用途的免稅。

【改進的教育示意圖】

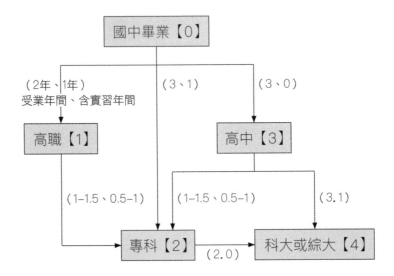

德國式（公司、協會合作）的雙軌制

單程：【0】→【1】
　　　【0】→【2】

分段：【0】→【1】→【2】
　　　【0】→【2】→【4】
　　　【0】→【3】→【4】
　　　【1】→【2】→【4】

七、競爭性經費制度之建立

（一）背景

（1）現今台灣高等教育經費的確不足，但學費要調漲也不容易，畢竟經濟情況沒有好轉，且貧富差距持續擴大，不能因此引起物價上漲。

（2）教育部推出5年500億支持研究型大學的計畫，以中興大學為例，與其他標竿大學，例如日本北海道農業大學的經費比較，幾乎是相同水準。

（3）當然，上述相類似的日本大學亦有來自他們文部省的競爭性經費支援，筆者曾受日本政府邀請訪問，當時曾試圖了解其競爭性經費支援的相關辦法，係與支援各校辦學成效有關，台灣則是以提出計畫書的方式為之，呈現出台日之間的差異。

（4）本項經費係於有限的教育經費下支援符合條件的各學校，依據學術研究卓越、

教學成果及學校進步狀態，希望建立多
元化學習與扶助弱勢的教育環境，並盼
各大學尊重學生多元學習的實際需求，
合乎下列「基本要求」者可以申請，用
以支持各校與國際競爭。

（二）申請學校需具備的最低標準

申請學校，含各系，均需合乎且依照教育部的部
訂規則，此為基本要求。

（１）畢業總學分為128學分，其中通識課程28
學分，必修課程50-60學分。

（２）教學、訓輔經費占3%-5%，至於扶助弱
勢學生工讀，以及緊急救助所需之經費
等，不可挪為他用，且項目經費填報亦
不可魚目混珠。

（三）經費分配

有關經費的分配，係依據國科會、科技部的審
查，或世界大學排名順序，再加以考量。

（１）依研究成果支援經費：

    A. 綜合大學：依學院性質與學術成果，評定支援經費。

    B. 科技大學：依專利、know-how等審查，並根據學生實習、技術教室教師聘請加以評定。

（2）提升學術、教學品質所訂定的制度執行情形：

    A. 教師評鑑之執行結果。

    B. 各系所課程安排之合理性與原則。

    C. 有關專任、合聘、兼任教師的聘任情形，以及教師上課是否有缺課、代課、常在外利用遠距教學等情形。

    D. 國際交流的加強與學生學習環境。

（3）校長辦學的企圖心、執行力以及經費使用情形。

第四章

成功領袖的
必備條件

從領導學與管理學的觀點來
看現實生活中的領導者與管
理者，必然有很多值得改進
的地方，張宗仁校長不改苦
口婆心的初衷，一再給予建
言，並以中研院李遠哲前院
長的肺腑之言與讀者分享這
位智者的智慧結晶。

領袖應具備的基本要素

　　十幾年來，一直喜愛南方朔在《中國時報》與《自由時報》的專欄，深受啟發，也豐潤了我的視野與聯想力。最近，南方朔在專欄中談到柯文哲的困境，強調首長、領袖應有基本功，這正是本書前面所談到的菁英者執政的缺憾。

菁英也要有智能兼備的部屬

　　以下，筆者就對首長應具備的能力加以補充。

領袖應具備的能力

　　（1）基本功：行政能力、研判能力、處事能力、融合與說服能力等等，這些都是領導者所應具備的基本功。

　　（2）智慧與經驗：身為領袖，應於專業領域受過完整的磨練，而且具備專業能力之餘，還要有智慧、有清楚的思慮方向、有正面的工作態度，以及擁

有扎實的實戰經驗。

（3）合曲共鳴：首長如果在上任前就擁有足夠的磨練，任內又能做出良好的執政績效，將使得人民對首長的領導更加有信心，這時候首長的領導力才能與他推動的政策產生社會共鳴，並在人民之間取得良好的信任度，做事也會如魚得水，更容易些。

執政能力並非與生俱來的，時間與磨練相當重要，個人對於柯市長清廉與近似工作狂的態度相當敬佩，但個人以為，市府一級主管或執政團隊還是需要有高手相助，如此才能相得益彰。自視甚高的菁英們也才能夠擁有智慧與能力兼備的部屬協助他們，落實行政績效，挽救行政品質。

2016年9月29日下午5:20，年代電視台〈向錢看〉節目中來賓陳敏鳳記者談論到，災害應變中心主席未主動詢問各單位以獲得更多資料，而僅到場講講場面話，沒有具體作為，言下之意，對首長應為而不為頗有微詞。

　　在任何會議中，一位稱職的主席肯定會尊重各層級單位的職掌與意見，並要求提供相關報告。尊重以及信任部屬單位，也是屬於首長應具備的基本功範圍。陳記者敢言，發言也中肯扎實，其具經驗的研判，再加上較接近確實的消息來源，不愧是大砲。

　　不過，在此我想將大砲與建言分清楚。建言為善意提出之建議，內容言之有物，侷限於單一議題或多項議題，目的是提供決策者作為施政或執行方面的參考，但我對於陳記者評論李遠哲前院長為「大砲」相當不以為然。李前院長敢言，但是發言謹慎、公正，而且評論有目標性，不會無的放矢，不正是我們社會所需要的「士大夫」嗎？況且，他擁有世界級工作經歷，擔任過國際科學理事會會長 (2011–2016)，這樣的人才，難道要讓他養尊處優、不問世事而脫離世俗嗎？

打天下與治天下

治國團隊的問題

　　蔡英文總統在選前許下過多的承諾，再加上選後不願得罪人的行事作風，種種問題，都可能成為執政路上的絆腳石。最怕的是碰到底下出現還沒上任前力爭工作機會，當上首長之後卻爭名、爭利，或者是站在自己的利益和立場，爭取選民認同，爭取個人的歷史定位，不考慮領導者的通盤考量，最終損傷的是整個執政團隊。

　　最近，蔡總統在災害應變中心的調度事件，觀眾在電視報導中看到總統的臉部表情非常難看，不知道是不是對民調表現不佳還是被批評不以為然。無論如何，人民都期待總統能夠虛心傾聽民意，否則後果難以想像。雖然蔡總統有企圖心解決前朝遺留下來的許多問題，而且自認為有能力與具備足夠的群眾魅力和民意基礎來解決問題，但做事的速度之快，還有準備不夠確實，再加上沒有智慧的執行能力，都成為執政團隊的隱憂。例如：

　　（１）高速公路收費員、樂陞案等等抗爭，不需要國賠嗎？若沒有事先建立起一個完善的制度，提供

資源與環境來支持弱勢，那麼，再多的爭執也不過是爭利罷了。如果先釐清可協助的範圍並訂定確實的制度，讓抗爭的基層工作人員有安心且無後顧之憂的退場機制，將能在政府與人民之間取得平衡。

（2）在兆豐銀行弊案裡面，最令人困擾的是，國民黨時期與民進黨上台後所用的財金團隊相同，如此將徒增人民對執政團隊的疑問而不是信心。

（3）文官體制是受到國家所保護的，它的評斷基礎是績效，若是以政治的裙帶關係來決定升遷或任用，可能造成工作系統崩盤，將打天下的團隊全盤轉為治天下的團隊是不宜的，也會使社會風氣因政治影響而扭曲，這種種的問題，若不好好解決，都可能埋下未來失敗的種子。

蔡總統能否成為坂本龍馬

處理問題的勇氣與肩膀

國民黨雖已被拋棄，但依然對利益窮追不捨，對

於選票的經營也沒有鬆手，留下來的幾個大案子，固然讓目前執政團隊累得氣喘如牛，短期看來或許是利空，但長期下來或許是老天爺給的成就大業機會。

期待總統不受在野黨不講道理的各勢力群體所影響，有智慧的領導以及執政，而民進黨立委也請做好配合執政的立法和選民服務工作，不要經常失言。3個月的觀察或許短了些，相關的績效檢視佐證尚未充足，不宜在此刻草率下定論，一時的表現不佳是能夠翻轉的，但若執政者知錯但不改錯的話，就會是問題之一，觀乎日本大阪市民給予橋下徹市長的認錯勇氣很大的鼓勵，則「知恥近乎勇」，吾人謹以此老生常談之言與當局共勉之，希望蔡總統最後能成為日本的坂本龍馬。

目前行政院長的民調、風評不佳，卻不思改進，甚至說出「誰能讓我下台」等言，所謂忠言逆耳，但是有益，林全院長宜深思之。20年前，高雄市鹽埕區發生大樓失火造成19人喪生的命案，時任警察局長的姚高橋本欲卸責，在會議中問與會人士說：「誰能證

明此案為縱火案？」他這麼說，是因為本案若判定為
「非縱火案」，則局長可不受懲罰。當時台下一片安
靜，我站起來反問局長：「請問局長，誰能證明這非
縱火案？」局長當下無言以對。半個月後，姚局長來
信感謝我問這一句話提醒了他。這說明一件事，領導
者要拿出處理問題的勇氣與肩膀，才是夠格的領導
者。

有些抗爭是無理且沒有目標的，若是政府沒有處
理的方法和手段，再加上沒有方向感，會使得別有用
心者利用亂掰的理由混亂了主題，以此來動搖民心。
舉例來說，國民年金改革這項議題，國民黨利用各種
會議來挑起對立與分化，而民進黨依然朝這個方向
走，不亂才怪。

以國民年金的處理方式為例，為何不能分階段改
革呢？比如說，第一階段處理黨齡計入工作年資的問
題、宜暫時停止退休軍公教人員於第二春服務時的優
惠制度，結束後方得繼續領取。接下來，先訂定勞工
退休底板，這部分應視家庭福利安定基數如何而

定、18%優惠存款利率第一次先酌予降低,例如降為9%。第二階段,政府應該強制保留新制退休人員所繳的額度,請軍公教勞就所得替代率先行內部討論,得出初步結論後再與行政院協商確定,如有需要,可再調整優惠方案。

維繫和諧的社會、留住優秀人才、保障貧苦人民生存的基本條件等,皆是政府的責任,如果沒有反映正義感,那就不是有為的政府所當為,若連12年國教案中設置10%–15%的菁英班等等政策,政府都不認為有設立空間,那要如何期待今後的政府有所作為?

領導者廣納人才的氣度

領導者應廣泛聽取各方建議

領導者不要排斥他人對人才的推薦,應廣泛聽取各方建議,學習劉備聽取孔明〈隆中策〉的氣度,從他人所推薦的人選中了解其過去的治理績效,在符合政黨白皮書重要理念的情況下,選出2–3位,再談治國方案與策略。溝通與了解相當重要,若單看經歷即

作為選才的依據，恐非恰當，因為經歷的白紙黑字要以華麗方式呈現並非難事，卻難以清楚呈現人才真正的特質。

領導者若太相信基金會的白皮書，盡找些朋友，卻又要求其不要「八秒」的多言，加上害怕閣員能力超越想像空間，找出來的是可稱作「沒有負分」的部長，致使總統與行政院長必須站上第一線，這不僅讓人看出執政團隊本身對部屬的不信任，又怎能提出符合國家需求的政策呢？

對朝野各政黨的期許

比起國民黨，民進黨還是有比較多的優點，期待民進黨能夠在革除過去國民黨的缺點之餘，也要積極學習各方的優點。往後的選舉，決定權還是在於中間選民。

各政黨應堅持本身的歷史與立場，在野黨扮演好制衡角色，而執政黨提升執政能力，天下無難事，只要朝野共同努力，就能達成改革。期待在野黨多加

油，這樣台灣才會有好的執政黨出現。

領導者要做對的事情

領導的贏家

要做一個領導的贏家，做對的事情，做對決斷，具備絕對的重要性，願以此與有志青年共勉之。

（一）清楚了解自己

    1. 我們目前站在哪裡？

    2. 我們要往哪裡走？

    3. 我們要到達哪裡？

    4. 我們需要做什麼事？

（二）良好的決斷

    1. 決斷合宜：充分掌握背景資訊，針對人、策略與危機等範疇，充分準備，並做出符合時宜的決斷。

    2. 決斷流程：準備、決斷、執行。盡全力推動與執行將能有好的成果。

工作成就自己與他人

曾任日本駐中國大使的日本伊藤忠株式會社社長丹羽一郎，曾於《工作才能成就他人》書中提到，人藉著工作磨練自己，為工作不斷努力，高興被賦予辛苦的工作，並且積極面對，才會不斷成長，並提高成功的可能性，如此才能成為卓越的人物。我們人生最可貴的，就是擁有完整的工作經驗與磨練，那是一生值得驕傲的過程。

人的一生當中，一定要尋找興趣相投、志向一致的朋友，共同為理念奮鬥。恩師張昭鼎以及李前院長的友情，正是在一同為家鄉努力當中所建立，其間的過程相當令人動容。我經常以學習他人經驗，就能夠少走許多冤枉路為例，來勉勵他人。

我在參加台大物理系於台大國際會議廳所舉辦的「李遠哲獲頒諾貝爾化學獎30週年座談會」中，也深刻地感到與李前院長的理念起共鳴。會後的Q&A時間，李前院長特別以分子碰撞與化學反應的角度提

到：

（1）我們要把別人的失敗當作經驗，進而走出屬
於自己的成功道路。

（2）沒有不可能的事，只是尚未找到方法。

我在此以李遠哲前院長的兩句話，與所有的讀者
共勉之。

第五章

張宗仁小傳

霸凌事件在社會中普遍存在，需要運用智慧看待及處理，才能讓本來不好的現象轉變為好的結果。張宗仁校長在本書回憶他成長過程中的點點滴滴，藉以陳述他的理念：教育者不要怕霸凌，領導者所應具備的霸氣，有時正來自被霸凌後的折磨與經驗。明瞭張校長的用意，我們才能對普遍存在於不同時代、社會各角落的霸凌現象，有更深一層的體會與省思。

一個教育老農的建言

含飴弄孫是我從教育岡位退休後的人間美事，看到四歲半的外孫與一歲半的外孫女無憂無慮的玩樂，內心真感羨慕，我也看到外孫女想拿的玩具常常會被哥哥搶走等等的小插曲，雖然只是平凡人家庭生活中的小小事件，若是小孫女夠懂事也會表達的話，她恐怕會向我告狀說哥哥「霸凌」她。

比起我那兩個小孫子，國家的政治事件算是大事了，像是國民黨，它執政了相當長的時間，從一開始來到台灣時一無所有，在接受日本歸還台灣的財產後，演變到現在，正在如火如荼演出的黨產事件，對於台灣人來說，不也是一件歷史長久的「霸凌」。

在此，我這個「教育老農」想嚴肅而誠懇地以我的經歷為例，針對霸凌事件，應持怎樣的心態去面對它，同時以何種方式去處置它，跟大家分享一點看法，提供給與我同樣為人父母、子女、長輩、領導者等角色的朋友們，如何轉變心態，讓事情圓滿解決。

拒絕當老大霸凌別人

我生於警察家庭，居住在高雄大寮、仁武、大社的日式警察宿舍，小時候，搬家對我來說再平常不過，從大社國小轉學到仁武國小，小學二年級再轉回大社國小，短短的一個學期就轉學兩次，這也開啟了當時我這個小小轉學生不得不面對各式不同霸凌的求學路。

當時，老師知道我可以受託照顧弱小，在考試時，就要我把我的考卷給智能障礙的同學抄，但那位同學連我的名字也一同抄上考卷，真讓人哭笑不得。

小學四年級時，我又轉學到鳳山國小（現為曹公國小），對於當時進到新班級的狀況，迄今記憶猶新。當時，班上同學間私底下有「打架能力排序表」，記得有一位高彬佑同學出面壓迫，要我依照排序逐一與同學單挑，一向不服輸的我接受了挑戰，一兩個星期後，終於過關斬將，也在排序中佔有一席之地，我因此得以度過平靜的一學年，我清楚我當時是遭受

「霸凌」才不得不跟同學單挑的，內心對於同學仗勢欺人的作風很不滿，所以我拒絕當老大去霸凌同學。

外祖父在我母親八歲時即喪命於南洋戰爭，身為家中長女的母親，從小就挑起重擔。接受公共衛生教育的她，擔任過護士、助產士等職務，嚴肅、賢淑的母親將我們家整理的非常整齊，對於我的們教育也相當重視。而我的父親在家中排行老三，祖父在父親七歲時即病歿，所以父親曾因家庭困苦而被送給別人家收養，只是收養不及半年，就在老師的協助下回到家中。貧苦出身加上受警察教育訓練的他，在面對不同環境時顯得相當獨立，但內心卻是非常溫暖與善良。父母的作風深深地影響我，養成我外冷內熱的個性。小時候，我要是在學校與人吵架或爭鬥而被對方家長到家中告狀，母親對我一定是不分青紅皂白一律先來一陣毒打再說，一點都不會袒護自己的兒子，其他家長因此對我母親的管教也沒話說。我因此也養成遇到事情一定先獨自處理完畢，讓事情能夠平息，才能避免事端擴大的人生觀。

頭頂中心留下永遠的疤痕

年少時遭逢的許多事情，其實不是常理能夠推斷的。記得有一次，本來同學在一起玩樂的，突然間發生了爭吵，當時有一位同學邱文龍受到欺負，而最愛管閒事的我見義勇，插手想為同學主持公道，結果被磚塊砸中，打破頭，頭頂中心永遠留下一道疤痕。前陣子我在文化中心附近的高雄商業學校運動場運動，碰巧遇到邱同學，他依然沒有忘記，主動談及往事，並感謝我當時出手幫忙。

個人外向活潑、善與團隊為伍，為年長者所喜愛，他們也因此常將工作交給我，而我也樂意配合他們的工作要求，想想，雖是彼此「一個願打，一個願挨」，可否視為「甜蜜的霸凌」呢？

鄉下的孩子，每到下午與黃昏是最為快樂的時候，放學了，還沒吃晚飯，玩泥巴、釣青蛙、烤番薯、替年長者趕牛吃草、河邊玩水等等，是我們最常玩的「遊戲」，玩伴通常都會到我家約我出門玩，但

我因為功課未完成，不能立即同行，為了趕快出門，玩伴就代勞，幫我完成作業。有一次似乎被母親發現不對勁，遭到訓斥，質問功課是不是我自己寫的？不敢說謊話的我只好對母親承認，同時也對於事情居然會被母親發現感到不可思議。

到了國小五、六年級，老師的個性與作風大不相同，但他們不同的「教育」方式卻是深植我心。當時的升學競爭壓力大，到處都在進行官方禁止的課後惡補，五年級的老師以高壓脅迫方式要求學生惡補，老師家中地方小，房間又到處堆滿東西，有一晚，老師家中堆置的煤球在同學嘻笑推擠中遭壓壞，當晚老師來教課時，竟用煤球砸在我們的身上，造成我的胸部因受到壓迫而呼吸困難，但我一點都不曾向母親告狀過。但後來的六年級老師就天差地別，年輕未婚的男老師關愛學生，因為擔心同學的升學率，在鼓勵參加課後惡補課程時告訴同學們：「學習有困難的同學，希望你們能夠參加，成績才會進步，但是，如果家境有困難，可以不用繳交費用。」實在令人感動，王老師的愛心在同學心中形成一股魅力，迄今我們仍懷念

不已。

　　國小四年級再度轉學到鳳山國小，家父向外祖父的義兄租屋，那時目睹的世情冷暖更加激起心中漣漪，時常在大屋子裡面看見他的外孫受到繼祖母欺壓的人間慘狀！那無能為力的妹妹經常只能暗自流淚，而其母親則因患肺病無力就醫而過世。住在旁邊的我們亦不好過，那時父親身患傷寒，因無力住院，完全仰賴擔任公共衛生士的母親照料，在住家空間作安排，方便照顧父親，這才順利度過難關。這個階段養成我忍受環境壓力、體恤弱勢的情操，由衷發出欲向上天爭公平之氣。

　　學生時代同學之間的霸凌歷程雖然造成我崎嶇的人生，但是其中也有甜蜜的回憶，況且，如果能夠處理得當，反能獲得友誼。

每天被強彈耳朵30下

　　記得我進入省立鳳山中學初中，因為雄中、雄女不招生初中生，按理說，本來環境是滿單純的，不料

竟是混合分班，又攙入留級生在新生的班級裡面，當時班上有一位顏平良同學，個子雖然矮小，但是孔武有力，經常把在家中挨罵的氣出在同學身上，而座位剛好坐在他前方的我，因爭吵不過他，因而每天被他強彈耳朵30下，直到學期結束兩人被分到不同班級後，這個噩夢才結束，但是這件事一直在我心中翻騰不已，困擾著我。因為這個經驗，我提醒自己，一定要更加強壯才能不再被欺負。之後，我便開始每天打球、運動與做體操，因此身體日漸強壯，不但身高增加不少，體型也魁梧許多，顏同學似乎感受到威脅遂不再欺負我，日子也才真正平靜下來。雖然我受他欺負，但我練身體的目的是要避免被欺負，我不曾想過報復。

我的母親很重視孩子的生活環境品質，也仿效「孟母三遷」，租屋都租在學校附近。有一次租屋於鳳山國小附近，弟弟經常到附近的廟宇玩耍，那裡的孩子背景成分複雜，有一次他哭著回家，告訴我被一群人圍毆，為了爭口氣，我就到廟口要求對方接受弟弟的單挑，讓弟弟可以為他自己討回公道，我個人僅在

現場旁觀，隔離他人加入戰局。後來我發現弟弟在爭
鬥中處於下風，我的個性磊落，不會為了替弟弟出氣
而加入無理的爭戰，遂要大家停止爭鬥，到此為止即
可。當時，廟中的八家將孩子們對我的作法頗為認同
尊重，事情也就結束了，這顯示出，言語要有信用，
才能解決紛爭。

到了初中，朋友間的感情逐漸被世俗所影響，父
母常為孩子的功課成績互相比較，氣氛就慢慢沖淡
了，家長到處問成績、爭高低，無止休的製造話題，
搞得非常不愉快。當時的我已有明顯的自我意識，有
了健康與學業並重的看法，這樣才能走長遠的路。當
時，我僅注重自己有興趣的科目或是喜愛的老師所教
的課。看似隨性，但我自認為有相當的堅持，我即使
到哈佛大學就讀，也不會是最後一名，而到爛學校，
成績也不會是第一名。

鄉村的兒童，童言童語的，不一定有甚麼惡意。
記憶中，有一次同學們在課堂上七嘴八舌，激怒了一
位剛畢業、教我們生理衛生的陳老師，而我剛好又是

最後發言者，陳老師在氣憤之下，便怒打我的頭，就在此刻，被剛好路過、教數學的郭素真老師撞見，出面拯救她班上成績最好的學生，為我解了圍，當下，心中真是無限感激。郭老師是一位教學相當認真且對待學生從不偏頗的好老師，學生成績優異也不會特別吹捧。老師這麼做，就不會導致學生感到驕傲或讓其他同學覺得老師有差別待遇。有時候，老師特別的關注反而成為學生學習的壓力，所以老師以及家長應多注意教導孩子的方法。

鳳山東亞戲院旁單挑

就讀雄中時，因為運動風氣盛行，學校各類球類運動也都相當有水準，當時我對桌球運動相當著迷，至今幾乎仍是我一生最喜愛的運動。高二那年，有一次校際比賽，我的朋友擔任球賽裁判，過程中與高一某班級同學發生摩擦，眼看當時場面變得很亂了，我深怕朋友吃虧，因此也加入戰局，最後與我對衝的一位高一生，後來做了中鋼的總經理，在衝突過後單獨約我一人在鳳山東亞戲院邊的空地解決，當晚我挨了

他一拳，之後就因為考慮到對方的勢力與背景，加上我本不想將事情鬧大而沒有還手，而把這一場單挑結束了。事發之後約40年，我在母校遇到當時的體育組長潘組長，當時的潘老師可是雄中學生的偶像、敬畏的老師，他說，當時為什麼沒讓他知道，他可以出面處理。我告訴他說，錯誤既然已經發生，就應該控制自己的怒氣，而不要讓事情無限擴大，這是我的信念。提到此事，我不禁聯想到，當時我婉謝洪光男同學想找人到鳳山東亞戲院協助的好意。我們高中雖然沒有同班，可是他是我的初中班級的棒球隊長，在班上的隊伍缺人時，我最後自願參加補足缺額，不過表現並不好，經常挨他揍罵，也多次被他責怪。他願意挺身相助，這種毫無虛假、誠懇的交流，實在讓人感念。他積極勇敢的精神，曾經在西子灣救人，這一段義行已經成為永遠的事蹟，讓人十分感佩！

高中三年級時，午休時間登記同學午睡狀況是副班長的工作，而他自己卻經常偷溜外出新興戲院看電影，有一次，他的好朋友也是後來的陳醫師，偷偷記錄他缺席午休，被我看見，他要求我不要說。事後，

吳副班長一口咬定是我記上他的名字,他認為只有我才有膽量這麼做,所以又是一陣打。幾年後,陳醫師及吳副班長在同學會上見面,了解狀況後,兩人哈哈大笑,吳副班長說:「阿宗雖然臭屁,但很講義氣!」

高中時,每天通勤,從鳳山搭火車到高雄。高三那年有一天,在火車上看見一位高雄女中的女同學正在哭泣,旁邊站了一位高雄水產職校(現為高雄海洋科技大學)同學,我走向前,跟那位男同學輕聲道:「適可而止!」而他竟回答說:「雄中沒有那麼了不起,我會跟你沒完沒了。」我也回應他:「不要以為高雄水產大家就會害怕。」隔幾天後,他找了一群人,在雄中隔壁長春旅社的巷子裡圍堵我,以工具攻擊我,造成我鮮血直流。過於好勝,導致無法完善的解決事情,讓我謹記說話的態度以及處理事情技巧的重要。

與同學相處的生活中,有競爭也是自然現象,一開始,不愉快的爭吵也可能會產生愉快的結果,家長不要急於強加介入,先通知師長注意即可,同學間爭

吵的芝麻小事正如夫妻吵架，往往能讓友誼關係更加緊密，如果有行為偏差的狀況出現，才是師長介入的時候，馬上處理，時機未必是對的。同儕相處的過程與經驗更能滋潤孩子的見識與看法，並提升協調、溝通能力，增加人際關係相知相惜的內質。

美麗的淡江傷心地

大學時期，熱愛球類運動的我，課餘時間全心精進球技，多次獲得學校體育獎學金，也積極投入社團、參加校友會活動與交女友。淡江大學的黃昏，美是美，最後卻成為傷心地，後來歷時幾近兩年多的時間，我一直讓人感到精神萎靡。經過幾位朋友的輔導，最後以一部影片之名〈天涯何處無芳草〉來安慰我，這之後，我終於又活了過來，因此更加珍惜友情，真誠與朋友交心。

熱心甚至雞婆的我，樂於為團體服務，讀清大研究所時，多位本來很懶散的研究生，在校慶運動會時，被我們幾位同學激起熱情，眾人每天早起練習，

讓我們那兩年都獲得學校拔河比賽冠軍。研二，我更接下研究生代表，為大家服務；本來，畢業生謝師宴上代表致詞應該是研究生代表，但是我口才不佳，便委請蘇獻章同學（曾任原委會主委）代表致詞。後來，在畢業典禮時，閻振興校長因為冷氣問題要更改畢業典禮場所，這將使得許多受邀家長無法進入現場觀禮。我代表畢業生多方交涉，找不到解決辦法，後來向曾任圖書館館長、曾任南美洲某國教育部長的老學長張齡佳教授告狀，才得以回復到原場地舉行。這一個不接受權勢欺騙和霸凌而層層申訴的過程，對我實在是一大磨練啊！

　　大學畢業後，我在岡山空軍官校當化學戰劑預官，軍訓大隊陸訓組的許多教官、服役的少尉，沒有甚麼固定的事可幹，都把這段期間當作是在打雜。下午課後，許多飛行預備班學生經常要我陪他們打桌球，他們認為打桌球有益於眼睛靈活，對擔任飛行員是有幫助的，當時心中甚有成就感。一年的光陰很快過去，那時發生一件事，差一點就被軍事制裁，真是恐怖！教官組常有軍事教材等書、資料，那是關於蔣

先生的軍事教材，列為「絕對機密」，上校組長請我保管，幾個月內沒有人借閱，只有劉中校曾拿去看過，看過之後放於他的書桌內。在我退役後，有長官來電要我回去空軍官校找尋「絕不能丟掉」的那些資料，劉教官最後在我的哀求下翻找他的抽屜才總算找到，也才讓我度過軍事檢察這一關，實感生命可貴！

海外留學見識到職業學生

本來在研究所就讀時師長介紹給予美國大學的獎學金機會，讓我留學，但父親深怕兒子留美不歸，不贊成，我因而國內研究所畢業後，我在恩師的介紹下進入中山科學研究院化研所無機組從事研究工作，當時化研所所長是「老中正理工」，階級少將，而副所長為中正理工13期，赴德國就讀獲得博士，工作認真、積極向上，不過他成群結派，孤立、隔離當時的所長。所長為吸收更多知識，請我替他上課，我為避免橫生禍端而選擇週六、副所長不會來的時間上課，但最後消息外漏，被副所長發現而遭到挨罵，所幸後來在恩師張昭鼎教授解圍之下，事件平息。後來，又

因為張所長與昭鼎恩師的極力支持而獲得國防公費，真是意外之喜。從事公益活動、良心與熱心，一直是我為人處世的資糧，也是日後我在工作中獲得各項機會的助力。

因為我的個性特質，讓我獲得中科院出國攻讀博士的機會，後來被王師凱、羅上將召見，鼓勵我多為國家、地方服務。我認為，既然是出國深造，就要以課業為重，所以最後僅擔任同學會會長，定期舉辦電影欣賞與每星期五晚間的球賽活動，讓同學解鄉愁，後來同學會裡有一位外州轉來的軍人學生，不但抓權爭功甚至藉事端捅他人，讓事情變得相對複雜，使我在同學會與同鄉會中服務的精神大大衰減。後來，我被選為同鄉會三個委員之一，卻從來沒被通知開會與告知活動訊息，甚至被這些類似職業學生的同學們打報告，說我是台獨同情分子。如果碰上像這樣的霸凌，您會緊張嗎？尤其當時妻子、女兒、父母等家人皆在台灣，心裡百味雜陳。幸好，當我要回國時，胡德威同學主動告知且要我記下他的電話，必要時去電給他，他會請他舅舅余紀忠，當時中國時報董事長幫

忙。事後我一直沒有機會向他表達我內心的感激。

我因為被選為同鄉會三位委員之一後，不知道甚麼原因，曾有人模仿我的筆跡詆毀台獨大人物洪哲勝。後來在丹佛讀書的郭中校（現少將退役）帶來了情治人員Frank Leung（與利比亞狂人格達費在台時同一辦公室）要我大罵國民黨以爭取進入台獨圈，可獲得更多資料。當時我相當痛恨台灣留學生的圈子，為了不挑起戰火，於是自己有了以下幾項原則：搬離現居住所與外國人同住，不罵台灣和國民黨，也不參加同鄉會活動。

中科院核能所的重水計畫

平安回到中山科學研究院工作是我最寬心的事，下班後能與球友切磋球技，又有張恩師可以請益，所以我非常排斥任何與張老師分開的安排。後來得知張老師涉入提供台南高俊明牧師發表獨立宣言的消息給其德國的兄長的事情，在機場出境時被檢查出來，不過友人沒有遭受阻擋，而是被暗中觀察。期間，我也

鼓起勇氣，讓張老師知曉有關他被注意的事，要他多
小心！當時，雖然只是一點點言論和行為，可危險
呢！

　　我對核能所錢所長的評語是：真正溫良恭儉讓。
所內的一級主管，各個都是山頭老大，幾個大組難以
指揮，研究所被賦予的使命，在幾個山頭拍胸脯保證
沒有問題而拿下任務與官位後，不成功倒也是可以想
像的。在中科院裡面工作，整個氣氛就是「權力代表
知識」，老大哥長、老大哥短的中正幫，當結案時間
到了，計畫還未達目的時，他們臉上一點難過的表情

也沒有。回國近五年，核能所的顧問——氫彈之父泰勒來訪指導，錢所長召喚了十幾位年輕博士與他座談討論，會中提及重水製成的新方法，以$SmCo_5$作為H_2氣體中分離、提煉D_2。會後，錢所長召見我，希望我私下接下這個重責，當時國家、長官的霸凌態度令我寢食難安，因為美國對此必有強力監督，我據理力爭，如能以正式計畫存在，我願意接下重任，負責推動，失敗則領責。當然最後的結果是否定的，於是我選擇提早離開中科院。我記得當時向所長遞辭呈時，所長挽留再三，我喜歡且敬愛這位所長，卻狠下心，還是堅持「盼望成全」。當初我回到中山科研院，因為平常的努力，得到許多位同事鼓勵，其中台灣第一屆十大女青年之一的陳蜀瓊博士就鼓勵我：「外面天空大，自強男兒當可擴展領域。」同事無私的提醒，以及張昭鼎恩師與王茂松恩師的推薦，我最後離開心愛也充滿許多回憶的石園。

離開中科院前，每週末總有一群好友在大直三軍大學桌球場切磋球技，大家相處相當融洽，大夥的球技與輩分相當，這段時光帶給我們健康快樂的美好回

憶。但我又有新麻煩了，在朋友的推薦下，三軍大學政戰部楊少將副主任在辦公室約我長談，鼓勵我參與王昇上將的研究會，後來周主任秘書告知我，他的用意是要拓展如蔡鐘雄一般的政治戰將，這費時兩小時的交談，最後以「科學救國」作結束。諸如此類奇特的機會與遭遇的確不少。

令人懷念的林清江校長

在美國留學的時接，我曾受邀參加法院陪審團，也曾在外籍學生中心主任的推薦下參與一部電影的小角色演出，那是喬治西哥與歌蒂韓在Golden　City拍的礦工故事，本已接下這項工作，因故拖延幾次後，我怕荒廢研究工作而推辭掉演出的腳色。我還曾經因為得過科羅拉多州桌球個人賽亞軍，而受到學校邀請，代表學校參加全美大學運動會桌球比賽，後來因為考慮需要集中精神以完成博士論文的目標而婉拒了這個機會。

我在高師大做滿一任三年的化學系主任，深刻體

會到當時林清江校長關心、愛護學生而受到瘋狂式的愛戴。他常到學校宿舍與學生聊天，在豐原高中事件處理後，他奉命接任教育廳廳長，學生知道校長要離開高師大的那段期間，都感到依依不捨，最後在一群學生淚送中離開校園。我從一件事情發現到他受愛戴的原因，當時學校的訓育委員會討論學生舞禁，投票表決結果9：2，教授不同意開放，面對會中激辯的火花，林校長總是微笑表示尊重，我私下推測，他是以沉默、微笑處理這個兩難式的議題，以迎接新時代的來臨。雖然學生有舞禁，但可以舉行慶生會、茶會，有一次，晚上9點我到化學系辦公室處理事情，當時的學生領袖之一蕭添財（現為嘉中化學名師）忽然跑過來告訴我，他們在四樓的慶生會有跳舞，當時我僅能佯裝失聰掩飾，表示事情很多，急忙進入辦公室處理，避開這個問題。我不能鼓勵違反校規的事，但當時若強硬處理也不好。

記得有一次，學校約80、90個人要到山裡面辦營火活動，曾委託同仁事先探勘路線，結果一行人走著走著竟然迷失在深山中，原來是路線探勘不確實，沒

有做徹底。當時下著雨，旁邊就是懸崖，不時又有蛇出沒，不少女同事都心驚膽跳。我當機立斷，要大家不要亂動，集中在一起，我派幾位去探路，找出回家的路徑求救，大夥人才脫困，回到山下已經凌晨2點50分，還好有驚無險。

開啟中山大學民主時代

經過一番折騰與關卡，我終於接受了中山大學邀請，赴中山大學任教，也踏上了早有預期的霸凌路途。為了表達奉獻於理想的決心，我也從東高雄搬到西高雄。但我的多元性興趣與能力，卻被新主任視為礙路者，在一些聚會中，常有人排擠與詆毀我，將我標籤化為政治型學者，這是事後我從學生口中得知的，至此才真正了解到我所處的環境。我一切從頭開始，努力耕耘，一直到我接了所長之後，才有了正式表達意見的空間，但就怕要做的事又被曲解，於是我常在閒暇時找公正的教授們聊聊，談話過程中彼此互相了解，可能這種作法起了防疫的功能。一、二年後，我成為院長，我行事作風公正、深謀遠慮以及集

中精神，在上任第一年就將院務的中程目標討論完畢並訂定完成。後來我也參與、開啟了中山大學的民主時代，盡全力提供校內系所各項資源並奠定制度，以因應新時代之所需。在院長任期內，理學院有建築物理館、生物館及邊坡防治的工程，結果因為颱風來襲，讓蓋了三分之一不到的邊坡崩壞，學校工程人員提出建議，可因颱風係不可抗拒之外力因素而作廢，在公文中，我也坦白接納上述說法，當下表面上安靜無聲，沒有人前來遊說，但可怕的是，過年期間，家中與學校都收到寫有「不忠不孝不義」、「死」的金紙！本來想報警處理，後來發現筆跡可能是某同仁所為，只好作罷，不繼續追究下去。走正路，很難說不會遭遇恐嚇，心裡恐懼害怕有時是難以避免的，只是要特別小心，就當作是一種磨練吧！

我在行政經驗方面的磨練、成長和信心，來自我的好友的肯定，他就是令人尊敬的聯合國天文物理召集人、伊利諾大學的葉公節教授。葉教授曾接受李煥校長邀請，回國到中山大學電機系擔任講座教授並兼主任一年，深受學生喜愛以及老師們的尊敬，雙方也

建立了濃厚的情感，最後他提早從伊利諾大學退休，回到中山大學擔任工學院院長，美式教育環境下成長的大教授，願意放棄高薪，展現出對鄉土以及中山大學的熱誠，他的談吐溫文儒雅，也展現了十足的自信心，希望把中山大學建立為一所世界級的名校。他常在行政會議中提出建議，切中要點，言之有物，甚至點出當時的校長辦學雖有心，但已開始心不在焉，面對這位學界的長者，他的風範、前瞻的眼光和理念，讓我深受鼓勵，也逐漸有了強烈的企圖心。他是我心目中的偶像，我認為他是校長的最佳人選，非常希望他能夠繼續推動中山大學的改造。但有心人的閒言閒語，讓他最後決定不成為參加校長遴選人選之一，甚憾！後來，他反過來鼓勵我參加遴選，但當時的氣氛相當緊繃，甚至連遴選委員會成員也遭受波及，報名期限過了兩天，卻還可接受報名，學校創辦人李煥前校長有他屬意的接班人，他曾特別南下住在前拆船大王王家，而在台北的趙校長則以電話聯繫同仁。某候選人在華王旅館向系所主管開支票，聲稱要在西子灣入口處建一幢國際大樓，但好笑的是，在其任內，有些土地被佔用，卻不曾付諸行動，討回校產。在我終

於接任中山大學校長後，我請時任高雄市長謝市長支
援，感謝林永堅副市長的協助，才讓美麗的風景得以
保留，不因一幢突兀的建築物而被破壞。

中山大學建校逾30多年，受到政府許多支持，但
外頭的傳言很多，直到我擔任校長後，發現公文夾裡
面常夾帶有多棟大樓的預算及決算經費，有洩漏底標
之嫌，讓我看了心驚膽跳，但在當時的環境下，我只
能先靜觀其變。校長任內，我因為在總務工作上沒有
經驗可言，所以相當信任總務長，也曾召集總務處重
要人士開會，宣示事後有任何消息，一定會查到底，
欲抑制住不好的企圖。

別讓孩子變肉雞

走過研究機構、師範體系再到研究型的綜合大學，退休後又至私立技職體系服務，每個角色都顯出其重要性。但就傳聞中，有權力就有力量，以及經歷的霸凌多得是，我在教育的歷程也真是崎嶇不平，但我願意提供拙見與大家共勉。

所謂「天將降大任於斯人也，必先苦其心志，勞其筋骨。」家長應當給予孩子適度的磨練機會，否則是肉雞一隻、草莓一個。同時我也鼓勵大家，在學習的階段應多請教老師並建立良好關係，有問題要盡量向老師請教與討論，或許有時候能夠得到很大的益處。

國家有好的領導階級與制度才能夠強盛，我們要有強壯的筋骨才能夠有足夠的擔當來推動改革，追求完整經驗的過程得靠大家自己的努力，經歷了，成功了，就會是我們一生的驕傲。

職位愈高責任愈重大

我在1990年代接院長職務，積極的我，當然更需要擁有強烈的企圖心，友人曾在不同時期分別介紹推薦極為優秀的博士人才給我，那段期間，大家普遍曲解教授治校的意義。其中一個是男性、劍橋大學的博士，專長超導體，現服務於台大化學系，另一名是女性、留學德州大學專攻物理生化的化學博士，係畢業於台灣大學的學士，現在美國服務，後來，教評會也沒有通過那位女博士。在20、30年前，中山化學系太過保守，全部教師中並沒有女性執教；各系的徵才投票制度存在嚴重的問題，像是某一個期間，曾有四個化學系同班同學同時服務，造成不良的評價與結果。對於教評會表決通過的決議，著實令我感到無力。

更上一層樓後，我的責任更大，擁有將教師名額提供給講座教授或是特殊領域的國際知名教授的權力，因此我在訂定教師評鑑辦法時就針對問題處理，幸好化學系近十年新進人員相當不錯。

　　特別值得一提的是，化學系教授陳國美前院長曾在我擔任校長的第一年提醒我：「聘任的人選不理想，您雖然不是教評會主席，但依然要對歷史負責。」

　　職位越高，所要負的責任越複雜與重大，真是當初所能想像。

喜愛棋藝的兒子

　　現在談談處理子女的教育問題。平時我就經常鼓勵孩子尋找自己的興趣，兒子8、9歲時得過在加拿大

渥太華舉行的少年圍棋世界盃第三名，當時他就有了作林海峯大國手的夢，要自己打天下，於是拿我曾鼓勵過他的話，希望我能讓他赴日本學習圍棋，但我因為擔心他性向未必適合，只是一時興趣而耽誤他自己未來的發展，可

是孩子很堅持，我在無奈之下只能答應他。如今他在圍棋方面的表現已至日本棋院八段，是棋士兼監督，最近3年來，兒子經常幫忙林海峯圍棋棋院，今年年初，楊泰雄院長欲邀請年輕圍棋大高手來台比賽，楊院長告訴我，我兒子的管理天分那麼好，只可惜外務過多，棋藝未達預期目標，為時已晚。但我想，兒子有他自己的興趣，做他感到興趣的事，能讓他一生快樂即可。

想為台灣建立第二個農會系統

在嘉南藥理大學擔任講座教授時，我教的課有普通化學、環境化學、管理哲學，雖然有大約30年以上的主管經歷，從二級到一級再到首長，我很用心，邊做邊學習。2005年，我看到喜愛的《天下文化雜誌》刊登有關《哈佛商業評論周刊》的資料，裡面介紹的觀念竟與我的作法相當趨近。

我同時也參考、閱讀過一些管理相關的書報雜誌，其中包括張榮發先生的《鐵意志與柔軟心》，當時報紙上刊登一則大消息，張先生未來身後所留下的一大筆財產並不會給下一代，於是我鼓起勇氣為社會請命，請求張先生能以長榮嚴謹的態度、團隊的精神以及集團的財力，為台灣建立第二個農會系統，為全民提供價格穩定的農產品，以穩定物價，但至今懸念依然。

雖然近年來台灣人普遍變得冷淡，熱心公益的人不多，但還是有許多有心人依然相當關心社會，他們

所醞釀的情緒會累積下來，最後一次爆發出來，那樣的力量相當可怕，像是太陽花學運。為了我們共同的「明日香」，邀請無論是與我同輩或是年輕的世代們，我們一起關心社會，一起為社會努力。

有好成績才能名留青史

我的雞婆、熱心、好表現，使得我在學校畢業後有許多機會及邀請。在此特別一提的是，只要是參加遴選所獲得的職位，我都會堅守諾言至終，我走過的一生，不管做任何工作，我都是專心又負責，我很不喜歡那種位置還沒有坐熱就要往高階、高位爬的人，我參加高中甄選會當委員時，就對這個現象問過大家：「這有何道理，怎能這麼做！」我想和大家分享，「承諾」在當今的社會尤其重要，期待我們一起為台灣建立更誠實的風氣。做一件事情，一定要「做到滿、做到好」，不要忘了，有好成績才有機會名留於歷史中。

台灣有許多人心太急，不知享受寂寞及它所帶來

的成就感。當我辛苦地走完了每一個工作的全部歷
程，我是頗感安慰與驕傲的。

張宗仁
教育經歷小檔案

1. 中山科研院 12年（1970.9.16－）
2. 高雄師範大學化學系教授兼主任 3年
3. 中山大學化學系（所）教授 17年
   教授兼任理學院秘書 1年
   教授兼所長 2年
   教授兼院長 6年
4. 高雄大學教授 4年
   教授兼教務長 3年（向中山大學借調）
   兼副校長1年
5. 中山大學專任校長6年
6. 嘉南藥理大學環境永續學院講座教授7.5年（
   －2016.01.31）